AF586746

ÉTUDES DE CONSTRUCTION

UNE MAISON EN FER[1]

I.

On compte aujourd'hui un assez grand nombre de maisons à Paris où l'on a fait des applications plus ou moins importantes du fer, pour remplacer les pans de bois, et à l'étranger les essais du même genre ont été encore plus nombreux.

Ces applications ont pour la plupart donné de mauvais résultats, et bon nombre de constructions ont dû être consolidées après coup. Il est à désirer que le remède soit efficace, pour la sécurité publique et pour les responsabilités engagées. C'est surtout à l'étranger que les plus nombreux désordres se sont produits, notamment en Amérique, où les tremblements de terre et les cyclones sont fréquents.

Il serait trop long de faire l'énumération des divers systèmes qui ont été mis en pratique ; nous nous bornerons à dire qu'en aucune de ces applications les conditions essentielles à la fois pour la solidité et pour la stabilité n'ont été remplies. Tantôt on s'est, en effet,

(1) Les pans de fer sont portés à la série de la ville de Paris de 1877 ; le prix en est fixé à 48 fr. les 100 kilog., y compris manchons et tous assemblages.

préoccupé de la solidité en négligeant la stabilité, *et vice versa*, de sorte que ce qui était solide quant à la résistance, n'était pas stable, ou que ce qui était stable n'était pas solide.

Parmi ces essais malheureux, on pourrait citer l'application du fer à T posé à plat pour sablière; l'emploi de poteaux et sablières formés d'un fer à T simple; l'usage des fers à croix, qui ne peuvent avoir qu'une trop minime section; certaines dispositions ayant le caractère de treillages en fer corné, de quelques centimètres d'épaisseur.

Ces divers systèmes tombent sous la critique vulgaire, mais juste, d'un praticien : à savoir qu'on ne construit pas des maisons avec des gaules et des lames de couteau, et que les treillages ne conviennent que pour les volières.

Dans la brochure que nous avons publiée chez Baudry et Morel en 1876, sous le titre de *Pans de fer et planchers*, nous avons démontré qu'un pan de fer ne peut être à la fois stable et solide qu'à la condition d'être formé de pièces d'un certain échantillon, se rapprochant de celui dont on se servait dans les pans de bois, échantillon qui ne peut être admis à moins de 0,12 sur toutes faces.

Pour obtenir cet échantillon dans l'emploi du fer, on est obligé de réunir plusieurs barres qui n'ont qualité suffisante qu'autant qu'elles sont assemblées entre elles (1).

Mais il ne suffit pas d'avoir composé des pièces d'un échantillon convenable pour former les poteaux et les sablières; il faut que les poteaux et les sablières soient assemblés à leur jonction. L'assemblage est l'âme du pan de fer.

C'est particulièrement sur ce point essentiel que tous les inventeurs ont échoué.

Les uns ont voulu pratiquer l'assemblage des poteaux et des sablières au moyen de cornières boulonnées sur le plat du fer du poteau et les ailes du fer de la sablière, comme si une aile de si petite saillie, taillée en biseau, pouvait donner la sécurité voulue, et comme

(1) Nous sommes en mesure d'affirmer que le fer à T convient pour les poteaux quoiqu'il ait été composé pour les solives et sablières. Nous ne croyons pas que les forges puissent jamais produire des formes préférables à celle de ces fers qui, pris isolément, sont peu consistants debout pour la charge, mais qui, une fois réunis, donnent des résultats satisfaisants, ainsi que le démontrent les tableaux ci-après.

si des poteaux posant de bout sur les fers de la sablière, sans plateau régulateur, pouvaient présenter la stabilité voulue (1).

D'autres ont voulu assembler le poteau à la sablière au moyen d'une plate-bande boulonnée sur le poteau et sans attache à la sablière qui de plus était rainée sur ses ailes pour le passage de cette plate-bande, de sorte qu'au moindre mouvement la plate-bande aurait plié ou cassé et que les poteaux posant de bout sur les fers de la sablière sans plateau régulateur, comme dans le cas précédent, n'auraient eu ni stabilité ni solidité.

Quelques-uns ont voulu pratiquer l'assemblage au moyen de tôles recourbées, toujours sans plateau régulateur.

Enfin un certain nombre ont cherché la solution dans des complications inextricables.

Aucun ne s'est préoccupé du plateau de base dont nous venons de parler, ni de la consolidation de la sablière au droit des poteaux qui portent la charge, ni du calage de ces poteaux à leur pied, ni de leur cerclage, ni de cette condition indispensable qui consiste à souder, pour ainsi dire, les pièces principales à leur jonction. En un mot, on a procédé comme ne procéderaient certainement pas les habitants de l'Orénoque qui, au moins, ligaturent les triques formant les membrures de leurs habitations.

Frappé de l'inanité des moyens employés sur les deux continents, nous avons, pendant plus de dix ans, étudié et comparé tout ce qui s'est fait dans la construction des pans de fer, et pendant ce laps de temps nous avons tenté nous-mêmes de nombreux essais.

Nous ne nous sommes pas bornés à étudier ce qui concerne la construction proprement dite; nous avons étendu nos études à ce qui concerne l'économie, l'hygiène, la sonorité, la conductibilité, l'incombustibilité, la transportabilité, etc.

Ne tenant compte de la théorie que dans une certaine mesure, nous

(1) Le plateau régulateur est d'une importance capitale, car il est facile de comprendre que les poteaux posant debout sur les ailes des sablières ne porteront jamais sur tous leurs points, et que le moindre mouvement inévitable d'ailleurs de la sablière produira ce résultat qu'un poteau destiné à porter le poids d'un bâtiment ne s'appuiera que sur une partie infime de sa section eu égard d'ailleurs au vide qui existe entre les deux fers de la sablière.

avons eu recours à de nombreuses expériences dont nous avons donné succinctement le résultat dans notre brochure de 1876.

C'est par suite de ces expériences que nous sommes aujourd'hui en mesure de poser en axiome ce principe : la construction en pans de fer est préférable à toutes, sans exception ; mais, pour être la meilleure des constructions, il faut qu'elle soit faite suivant certaines règles absolues, inflexibles. Ce n'est que par l'observation scrupuleuse de ces règles qu'on peut obtenir la solidité et la stabilité.

La construction en pans de fer est plus économique que celle en pans de bois et en briques ; mais l'économie s'accuse surtout par le plus grand espace qu'on peut obtenir. Dans une maison d'environ 500 mètres superficiels, érigée dans les hauts quartiers, le bénéfice certain ne s'élève pas à moins de 30,000 fr.

En ce qui concerne l'hygiène, il est aujourd'hui démontré que les malades, dans un bâtiment en pans de fer de 0,15 ravalés, sont dans des conditions plus hygiéniques et plus favorables au rétablissement de leur santé que dans un hôpital ayant des murs épais. On a été longtemps à reconnaître que moins la transition entre l'air extérieur et l'intérieur est tranchée, plus les conditions de l'hygiène sont satisfaisantes. C'est ce qui explique comment les caves, où il fait chaud l'hiver et froid l'été, sont les lieux les plus dangereux pour la santé. Cette solution était du reste indiquée par le bon sens des peuples vivant dans les pays chauds, où les habitations sont formées de parois très-minces.

Au temps où les maisons étaient en pans de bois, les pulmonies étaient rares et les fièvres typhoïdes à peu près inconnues.

Quant à la sonorité, on n'ignore plus que les maisons en pans de fer hourdés pleins ne sont pas plus sonores que les maisons en pans de bois.

La sonorité n'est effective sur les pans de fer qu'autant que le fer est à découvert ; c'est ce qui résulte d'expériences faites en 1872 dans un des pavillons des Tuileries (1).

(1) Ces expériences sont intéressantes à connaître. On fit jouer un morceau de musique à la garde républicaine dans les combles du pavillon de Flore, dont les fers étaient apparents. L'effet fut des plus mauvais. On capitonna ces fers, et les conditions de sonorité furent rétablies. Par l'enduit en plâtre, les fers sont, par le fait, capitonnés.

Pour ce qui a trait à l'incombustibilité, la question ne comporte pas de discussion.

Enfin, il reste acquis qu'au point de vue de la transportabilité, les pans de fer ne laissent rien à désirer, et c'est une condition importante pour les besoins de l'assistance publique et de l'armée. Il n'est pas de minime importance, en effet, de pouvoir en temps de guerre, et même en temps de paix, dans l'organisation de l'armée, démonter, transporter et remonter un bâtiment avec célérité.

Aucun genre de construction n'est plus favorable pour les hôpitaux volants et les baraquements de l'armée, puisqu'un bas édifice en fer peut être monté et hourdé en quelques heures sans le secours d'ouvriers spéciaux.

II.

Dans notre précédente brochure, nous avons donné le plan d'un bâtiment que nous avons construit à Montmartre à la fin de 1871 et qui n'a jamais subi le moindre mouvement, quoique le système ne comportât pas alors toutes les améliorations dont il a été l'objet dans ces derniers temps.

Nous donnons aujourd'hui les détails d'une construction beaucoup plus considérable qui vient d'être érigée rue de Lille, à l'angle de la rue de Bourgogne. Cette construction, d'une superficie d'environ 500 mètres, est élevée de six étages sur rez-de-chaussée; elle est toute en fer, depuis la cave jusqu'au grenier, à l'exception de la façade sur les deux rues, qui est en pierre aux trois étages inférieurs.

C'est la plus large application des pans de fer qui ait jamais été faite. En voici la description en ce qui concerne le fer.

Sur l'axe de tous les murs de caves règne une plate-forme en fer plat de 0,16 de largeur sur 0,025 d'épaisseur. Toutes les pièces qui la composent sont soigneusement assemblées bout à bout et à leur rencontre sur les murs longitudinaux et transversaux par de fortes éclisses boulonnées de telle sorte que ce cours de plate-forme compose un châssis de base indestructible. C'est sur ce châssis que sont assemblés les poteaux du rez-de-chaussée, au moyen de doubles cornières.

Au droit du plancher de chaque étage, au-dessus, règne un cours de sablières en double fer à T de 0,12, ancrées à leurs extrémités dans les murs mitoyens et de face, et assemblés à cornières à leur rencontre aux points où doivent se croiser les refends longitudinaux et les refends transversaux. Toutefois, les sablières du mur de face sur la cour, formant filets, ont 0,22, eu égard à l'étendue des vides qu'elles couvrent.

Dans la hauteur de chaque étage règnent des poteaux assemblés aux dites sablières au moyen de sabots se boulonnant aux unes et aux autres. Ces poteaux varient de forme et de disposition suivant l'office qu'ils ont à remplir.

Ainsi, au rez-de-chaussée (voir la planche du rez-de-chaussée) dont la hauteur est de $2^m,75$:

Les poteaux sous la façade, en bordure de la cour, sont en fonte, de 0,25 sur 0,25 et 0,16 de creux.

Les poteaux du refend longitudinal, qui portent les solives des planchers des pièces du devant et du derrière, sont formés de triples fers à T 0,12, de barres de fonte pleines de 0,12 sur 0,10, d'une autre barre en fonte de 0,25, comme sur la cour, et de deux colonnes en fonte de 0,22 de diamètre.

Les poteaux des autres refends sont formés de fers à T à deux lames, sauf deux points où règnent des barres en fonte de 0,25 carrés.

L'écartement de ces poteaux est combiné suivant les exigences de la distribution. On peut mesurer cet écartement sur le plan, qui est à l'échelle.

A l'entresol, dont la hauteur est de 3,00 (voir la planche de l'entresol) :

La façade sur la cour est soutenue par des poteaux de fers à T 0,12 à deux lames, fortifiés d'un fer 0,08, encastré après coup, pour plus de sécurité, dans les ailes du fer 0,12.

Les poteaux du refend longitudinal sont formés de fers à T 0,12 à deux lames, à trois lames et de barres de fonte de 0,12 sur 0,10.

Les autres refends sont composés de poteaux de fers à T 0,12 à deux lames, et de deux barres de fonte de 0,12 sur 0,10 aux points vulnérables.

Au premier étage, dont la hauteur est de 4,10, même disposition.

La disposition du deuxième étage, dont la hauteur est de 3,50, est encore la même, à cette exception près que les poteaux sont réduits à deux lames 0,12.

Au troisième étage, dont la hauteur est de 3,00.

Les murs de façade sur la rue, comme les murs de façade sur la cour et tous les refends, sont formés de poteaux de fer à T 0,12 à deux lames.

Le quatrième étage (voir la planche du quatrième étage), le cinquième et les combles sont établis de la même manière.

La planche quatrième montre la perspective de l'ensemble du bâtiment en construction. Dans ce dessin, on a dû s'affranchir de certaines règles, pour l'intelligence du constructeur. La cour sous laquelle sont les écuries est indiquée au ras du sol comme achevée dans une partie et non achevée dans l'autre. Au fond on voit la façade ravalée ; à droite sont représentées, tant à la façade qu'aux refends, des parties simplement hourdées et d'autres parties sans remplissage.

A tous les étages les solives sont chaînées de deux en deux (1) aux murs de face sur la rue et aux sablières avec des harpons, de manière à former un tout homogène. Le chaînage est en effet une des conditions les plus importantes pour la stabilité des pans de fer.

Au droit des espaces les plus étendus entre les poteaux, les sablières sont doublées d'un fer plat de 0,09 pour les fortifier, afin de pouvoir supporter les solives en toute sécurité.

L'assemblage des poteaux avec les sablières, qui est le point capital du système, est pratiqué de la manière suivante :

Les poteaux en fonte et les colonnes sont fondus de manière à présenter des oreillons entre lesquels se posent les sablières ou filets et auxquels les pièces se boulonnent. La fig. A indique cette disposition.

Les poteaux en fer à T sont assemblés avec des manchons dont la

(1) Il serait préférable de chaîner toutes les solives aux sablières.

fig. B donne le plan, la fig. C la perspective et la fig. D l'élévation latérale, E est la plaque en fonte qui se pose sous les aîles des man-

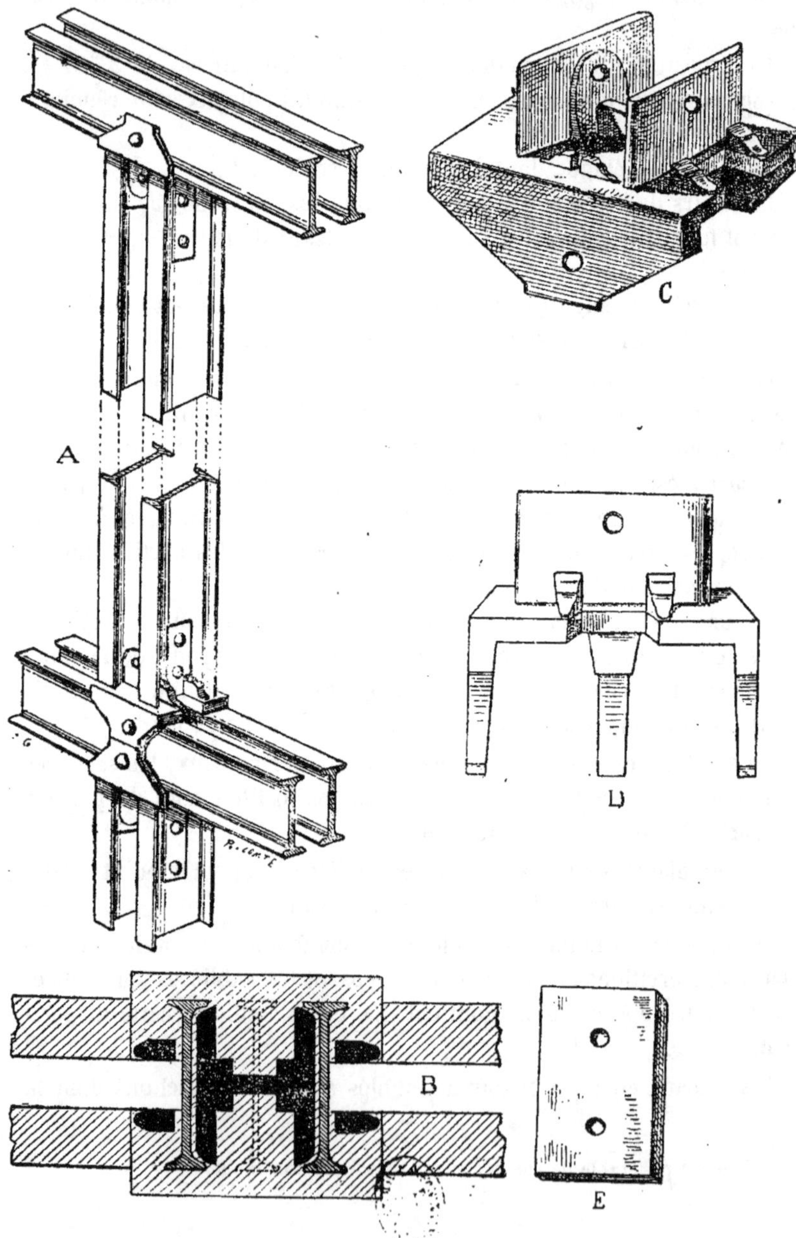

chons à plat sur le fer à T de la sablière, en vue de fortifier la sablière sous le poteau.

La fig. A montre l'assemblage complet.

Chaque manchon est composé de manière à emboiter à la fois la sablière et le poteau auxquels il se boulonne en tous sens; pour recevoir le poteau inférieur et le poteau supérieur, il se divise en deux parties qui se fixent l'une en dessus, l'autre en dessous de la sablière, ainsi que l'indique la fig. A.

Comme on le voit, chaque manchon est muni de trois ailes qui portent sur leurs correspondàntes. Les fers des poteaux sont confortés et rendus plus solidaires par des plates-bandes passant au travers de la sablière. Ces plates-bandes, qui complètent l'assemblage, ont 0,60 de longueur et s'étendent ainsi de 0,30 sur le plat de chaque poteau, à partir de l'axe de la sablière, de telle sorte que chaque poteau monte pour ainsi dire de fond.

Ainsi, ces poteaux sont, par le fait, ajustés sur des plateaux régulateurs auxquels ils sont boulonnés, et le plateau qui prend la forme du manchon enveloppe à la fois les poteaux et la sablière, à laquelle il est également boulonné, de sorte que les dits poteaux et sablières sont par ce moyen solidaires.

Au droit de chaque assemblage sont posées des plaques de fonte s'emboitant dans les ailes des fers, de manière à soulager les fers de la sablière sous le pied du poteau.

Chaque poteau est muni d'appareils qui cerclent et étrésillonnent les fers qui le composent, de manière à prévenir l'écartement et le rapprochement de ces fers.

Les linteaux et appuis des fenêtres sont composés de fers à T simples assemblés à cornière aux poteaux qui forment les espaces dans lesquels se trouvent ces baies. Lesdits linteaux et appuis ont surtout pour effet d'entreboiser ces poteaux là où le remplissage fait défaut, et d'en prévenir l'écartement.

Les huissières des baies sont faites ou en briques ou avec des poteaux ordinaires.

Partout où les ailerons des manchons d'assemblage ne se joignent pas exactement, l'espace est rempli par des coupures de fers ou de zinc, ce qui est très-important pour la solidité.

Aux angles et à la rencontre des sablières ont été appliqués des manchons spéciaux appropriés pour leur situation, manchons qu'on trouve au reste chez le fournisseur privilégié par le brevet avec toutes les pièces d'assemblage.

Les murs sont hourdés en briques 0,12, de sorte que l'épaisseur totale des pans de fer est de 0,14 à 0,16, y compris les enduits.

En outre, tous les planchers sont assemblés avec des boites étrières conformes aux dessins ci-contre.

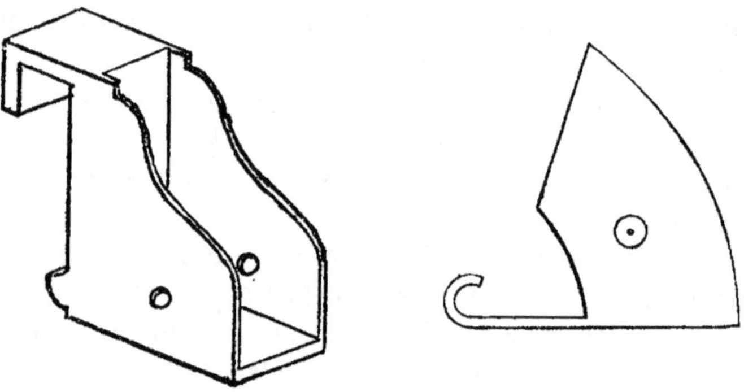

Ainsi, on a pu atteindre un degré de solidité infiniment supérieur à celui que donnent les assemblages à cornières, qui sont plus coûteux et qui, en somme, sont relativement mauvais. Des expériences nombreuses ont, en effet, démontré que l'assemblage des boites étrières est quatre fois plus résistant que l'assemblage à cornières. La figure ci-contre montre l'ensemble de l'assemblage.

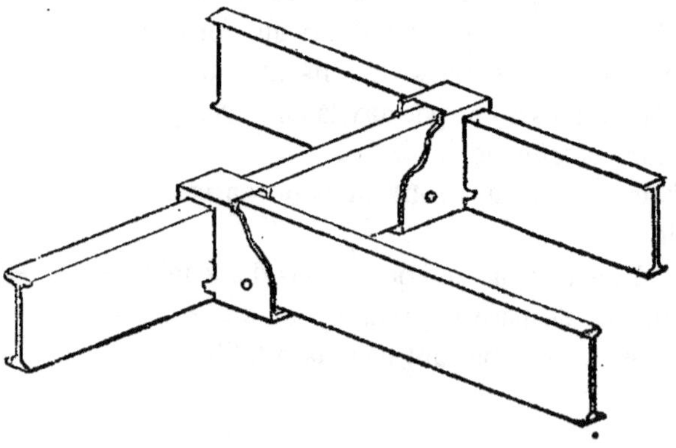

Ces boîtes sont munies de l'appareil fixateur dont on voit le dessin à côté de la boîte, sans quoi l'assemblage serait imparfait, car l'assemblage des solives n'est admissible qu'autant qu'il fixe ces solives les unes aux autres, comme le faisaient les cornières. Tout assemblage qui ne remplit pas cette condition n'est pas recevable, car sans elle l'assemblage n'existerait plus réellement, et au moindre mouvement tous les planchers seraient en dislocation. C'est ce qu'avaient bien compris les anciens qui ne donnaient à l'étrier que l'office de soulager le tenon de la solive assemblée. Les poitrails, filets et solives jumelles sont cerclés au moyen de l'appareil indiqué par la figure ci-contre.

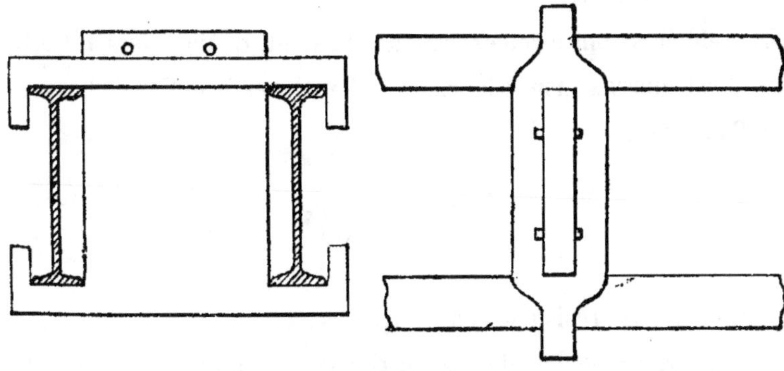

III.

Reste à produire le calcul des résistances.

Pour le faire, nous mettrons d'abord sous les yeux du lecteur le tableau récapitulatif des poteaux et colonnes à chaque étage.

Rez-de-chaussée. Hauteur 2,75.	Colonnes en fonte carrées de 0,25. Poteaux rectangulaires en fonte de 0,12 sur 0,10. Poteaux en fer à T à trois lames 0,12. Colonnes en fonte de 0,22 de diamètre.
Entresol. Hauteur 3,00. *Premier étage.* Hauteur 4,10.	Poteaux rectangulaires en fonte de 0,12 sur 0,10. Poteaux en fer à T trois lames de 0,12. Poteaux en fer à T à trois lames 0,12.
Deuxième étage. Hauteur 3,50.	Poteaux en fer à T trois lames 0,12. Poteaux en fer à T deux lames 0,12.
Troisième, quatrième et cinquième étage.	Poteaux en fer à T deux lames 0,12.

Les sablières sont formées, comme il est dit, de deux fers à T 0,12.

Nous calculerons ensuite les charges d'après les formules de Lowe :

1° Pour le fer :

$$R = \frac{C}{1{,}55 + 0{,}005 \left(\frac{L}{D}\right)^2}$$

R représente la résistance en kilog.

C = SK ; K = coefficient = $\frac{1}{3}$ de la charge de rupture du fer ; S = section en centimètres carrés.

L = la hauteur des poteaux.

D = le plus grand côté du rectangle.

2° Pour la fonte :

$$R = \frac{C}{1{,}45 + 0{,}00\,387 \left(\frac{L}{D}\right)^2}$$

Procédant d'après ces bases, nous avons dressé le tableau suivant indiquant la charge que peut supporter chaque poteau suivant sa hauteur :

TABLEAU DES CHARGES

QUE PEUVENT SUPPORTER LES DIFFÉRENTS POTEAUX (1).

Colonnes carrées en fonte de 0.25	Colonnes rectangu-laires en fonte de 0.22	Colonnes rectangulaires de 0.12 sur 10.		Poteaux en fer à trois lames de 0.12.			Poteaux en fer à deux lames de 0.12.		
		Hauteurs.			Hauteurs.			Hauteurs.	
		2.75	4.10	2.75	4.10	3.00	2.75	4.10	3.00
k	k	k	k	k	k	k	k	k	k
204.250	109.650	34.000	21.500	16.450	9.900	14.250	10.450	6.625	9.500

Avec ces données et la première partie du tableau suivant, qui représente la quantité de poteaux employés suivant les étages, nous avons pu dresser la deuxième partie du tableau, indiquant les charges supportées par les poteaux et celles que l'on a à supporter.

Ces dernières ont été calculées en supposant 0,16 d'épaisseur aux murs et une charge de 200 kilog. par mètre superficiel de plancher.

Dans une dernière colonne.on peut voir le boni que l'on a pour chaque étage sur les charges existantes, ce qui donne toute sécurité par la force de fer et le nombre de poteaux employés dans cette construction.

Remarquons aussi que tous ces calculs ont été faits sans tenir compte de la charge que peuvent supporter la maçonnerie et les sablières.

Nous n'avons pas placé dans ce tableau le calcul relatif aux murs de refend secondaires F; on peut voir cependant qu'en employant deux poteaux en fer à T 0,12 à deux lames, on a une force suffisante.

En effet, pour ne parler que du rez-de-chaussée, où ces poteaux

(1) On peut, dans la plupart des cas, remplacer les poteaux en fonte de 0,12 sur 0,10 portant 34,000 kilog. (pour 2,75 de haut), par un poteau en fer à T 0,12 de quatre lames qui donnerait une résistance d'environ 22,000 kilog. pour une même hauteur.

Le poteau en fer à quatre lames se pose avec un manchon ordinaire à trois lames et un manchon à une lame qu'on trouve chez le fournisseur. Ces deux manchons se posent à côté l'un de l'autre.

sont soumis à la plus grande charge, le poids à supporter est de 3,50 × 0,16 × 1800 × 20,00 de haut = 19,800 kilog. Or, deux poteaux à deux lames peuvent supporter 20,900 kilog.

CHARGES SUPPORTÉES PAR LES POTEAUX

ET CHARGES QUE L'ON A A SUPPORTER.

		NOMBRE DE					CHARGES en kilos pouvant être supportées par les Poteaux.	CHARGES en kilos que l'on a à supporter.	BÉNÉFICE.
		Colonnes carrées de 25.	Colonnes rondes de 22.	Colonnes rectang.	Poteaux à 3 lames.	Poteaux à 2 lames.			
Mur A.	Rez-de-chaussée..	4	»	»	»	»	817,000	70,000	747,000
	Entresol.....	»	»	»	7	»	69,300	54,900	14.400
	3e étage.....	»	»	»	»	7	66,500	21,600	44,900
Mur B.	Rez-de-chaussée..	8	»	»	»	»	1,634,000	130,000	1,504,000
	Entresol.....	»	»	»	12	»	118,800	104,900	13,900
	3e étage.....	»	»	»	»	12	114,000	42,200	67,800
Mur C.	Rez-de-chaussée..	5	»	»	»	»	1,021,250	60,000	961,250
	Entresol.....	»	»	»	6	»	59,400	44,900	14,500
	3e étage.....	»	»	»	»	6	39,750	20,000	19,750
Mur D.	Rez-de-chaussée..	1	2	7	11	»	842,500	413,500	429,000
	Entresol.....	»	»	10	13	»	343,700	333,200	10,500
	3e étage.....	»	»	»	»	22	209,000	168,400	40,600
Mur E.	Rez-de-chaussée..	2	»	»	7	»	523,650	150,000	373,650
	Entresol.....	»	»	2	8	»	122,200	111,000	11,200
	3e étage.....	»	»	»	»	9	85,500	57,000	28,500

En faisant le calcul pour les autres étages, on arrive à une force de fers employés beaucoup plus considérable que pour les étages que nous venons d'étudier.

En résumé, on voit qu'en employant dans la construction de la maison rue de Lille, des poteaux plus ou moins forts, d'après les étages, c'est-à-dire d'après la charge qu'ils ont à supporter, on est arrivé à des résultats qui présentent une sécurité considérable comme construction.

En examinant le tableau qui précède, on sera peut-être frappé du défaut d'harmonie dans les résistances, notamment en ce qui concerne les poteaux en fonte carrés de 0,25 du rez-de-chaussée, qui, par rapport aux poteaux de l'intérieur du bâtiment, ont une puissance exorbitante. L'anomalie s'explique par cette règle absolue, qu'il faut que les éléments d'une construction présentent simultanément les conditions de solidité et de stabilité.

On comprendra que des poteaux qui font la base d'un bâtiment et qui sont exposés au choc des voitures de remise demandent une section qui les mette à l'abri de tous les inconvénients. D'un autre côté, une des conditions de stabilité est de rapprocher les points d'appui autant que possible, parce qu'un désordre quelconque à la base aurait des inconvénients irrémédiables.

C'est ce qui explique l'excès de résistance qu'on a donné à la base de l'édifice. On comprendra d'ailleurs que dans une application aussi importante et qui doit servir de point de départ à beaucoup d'autres, il fallait être circonspect. Tout en marchant sur un terrain étudié avec une connaissance parfaite des choses, il y avait à craindre des effets inconnus. Quoi qu'il en soit, la réussite a été complète. En prenant la maison de la rue de Lille pour exemple, le constructeur peut procéder en toute sécurité.

On aurait pu, sans doute, dans les étages supérieurs, diminuer le nombre des poteaux ; mais en cela, comme pour les poteaux en fonte du rez-de-chaussée, on aurait eu de trop longues sablières pour supporter les planchers. Il fallait donc admettre une plus grande somme de force aux poteaux pour parer à l'inconvénient d'une trop faible résistance des sablières.

Ce sont, au reste, les mêmes disparates qui se produisent dans les pans de bois, dont les pans de fer sont l'imitation.

On pourrait, sans doute, diminuer l'échantillon des fers successivement aux planchers supérieurs ; mais on arriverait à avoir des pans de fer d'une trop faible grosseur pour assurer la stabilité, et c'est ce qu'il faut éviter absolument.

Il est donc préférable de ne jamais employer de pans de fer avec des fers au-dessous de l'échantillon de 0,12, à moins qu'il ne s'agisse d'un simple rez-de-chaussée. Les sablières des étages supérieurs portent effectivement le même poids que les sablières des étages inférieurs.

Entre les calculs de résistance qui précèdent et ceux que nous avons donnés dans notre précédente brochure, il y a une certaine différence quant aux points de départ. Cette différence vient, en effet, de ce que nous avions supposé, d'après les théoriciens, que le fer travaillait à 6 kilog. par millimètre; les expériences récentes démontrent que le travail ne se produit qu'à 7, 8 et même 10 kilog., selon la nature de la matière.

IV.

Le propriétaire de la maison sise rue de Lille est M. le marquis de la Châtaigneraye.

Les architectes sont MM. Joulet et Gourmez; l'entrepreneur de serrurerie est M. Bruno du faubourg Saint-Denis, n° 206.

Les assemblages des pans de fer et des planchers sont du système Liger; tous ces assemblages sont brevetés.

Le fournisseur privilégié, le seul qui ait le droit de les livrer, est : la maison de quincaillerie Fontaine, rue Saint-Honoré, 181.

Au moment où nous mettons sous presse, un assez grand nombre de maisons en pans de fer (système Liger) s'élèvent dans différents quartiers de la capitale, en province et à l'étranger. Voici l'indication des principales :

1° Rue Sainte-Anne, 33 et avenue de l'Opéra ; M. Lemonnier, architecte, rue Condorcet;

2° Boulevard Henri IV et rue Castex ; M. Lemonnier, architecte;

3° Avenue de l'Opéra, rue Sainte-Anne et rue de la Fontaine-Molière ; MM. Joulet et Gourmez, architectes ;

4° Avenue de Latour-Maubourg, hôtel de la Légation de Monaco; M. Valette, architecte ;

5° Rue Lecourbe, 87 ; M. Gillet, architecte ;

6° Rue Saint-Guillaume, n° 24, imprimerie ; M. Lafforgue, architecte ;

7° Rue Oberkampf;

8° Bayonne, Lyon, Marseille, Reims, Gisors, etc.

Imp. Léautey, 24, rue Saint-Guillaume.

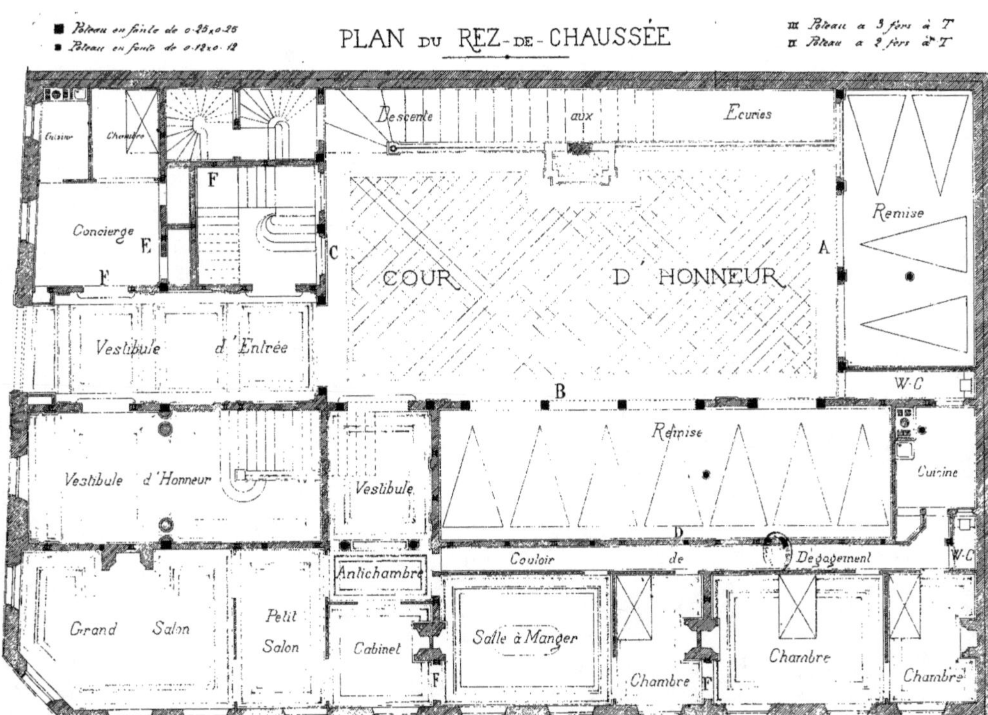
PLAN DU REZ-DE-CHAUSSÉE
Poteau en fonte de 0·25 x 0·25
Poteau en fonte de 0·12 x 0·12
Poteau a 3 fers à T
Poteau a 2 fers à T
Descente aux Ecuries
Cuisine
Chambre
Concierge
Remise
COUR D'HONNEUR
Vestibule d'Entrée
W·C
Vestibule d'Honneur
Vestibule
Remise
Cuisine
Couloir de Dégagement
W·C
Antichambre
Grand Salon
Petit Salon
Cabinet
Salle à Manger
Chambre
Chambre
Chambre
Rue de Lille
Echelle de 0m01 p.m.
Rue de Bourgogne.

PLAN DU 1er ETAGE

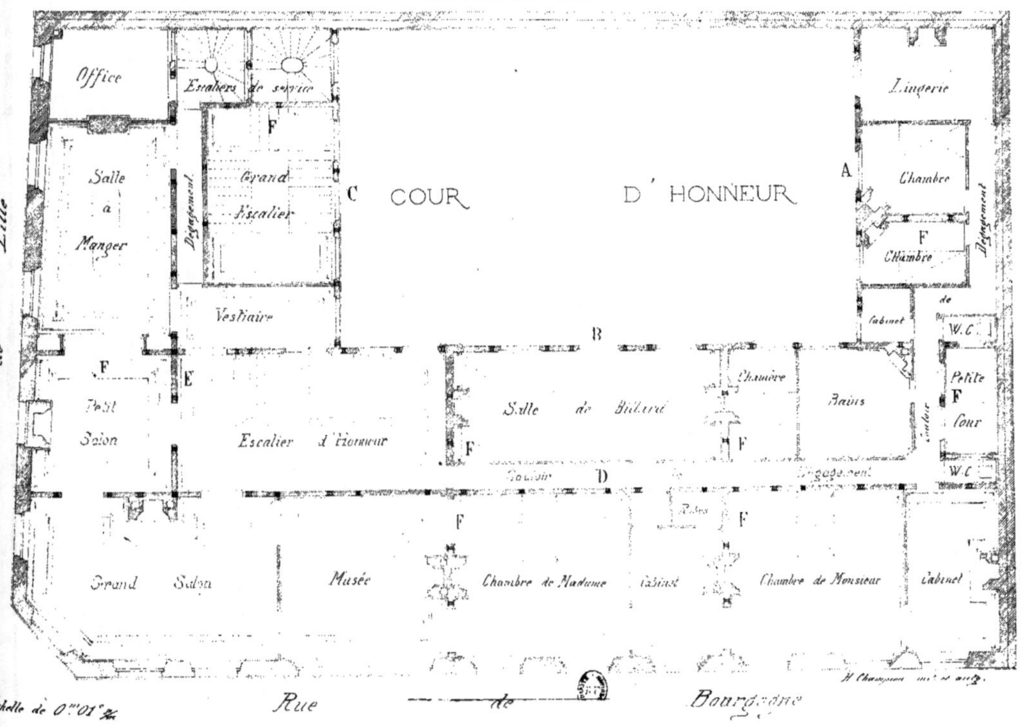

PLAN DU 4e ETAGE

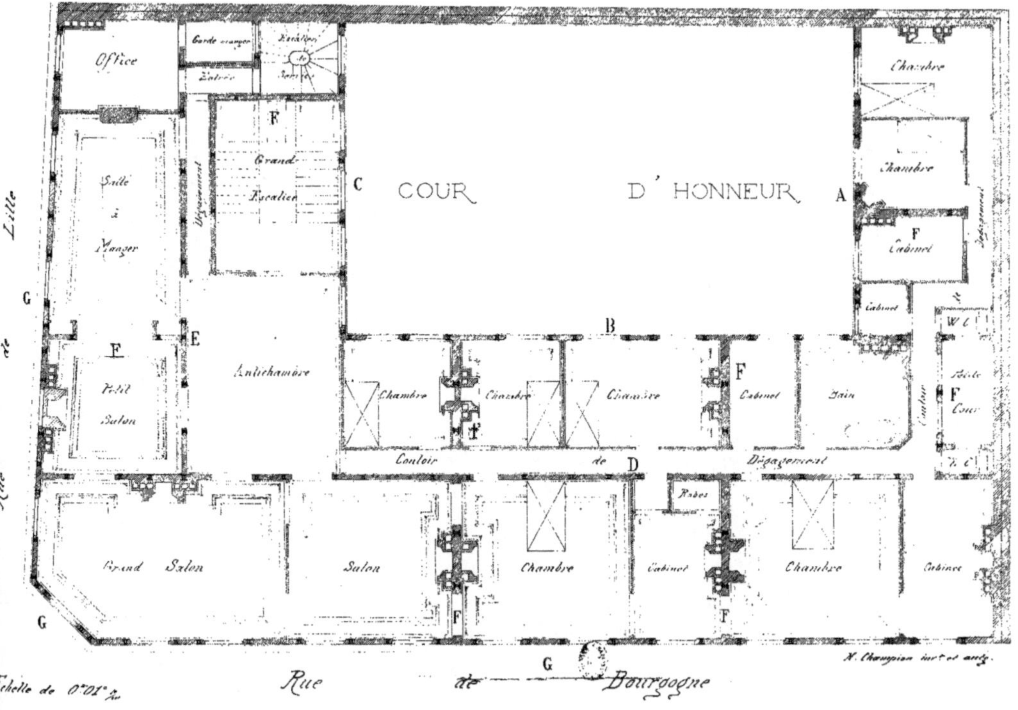

VUE PERSPECTIVE

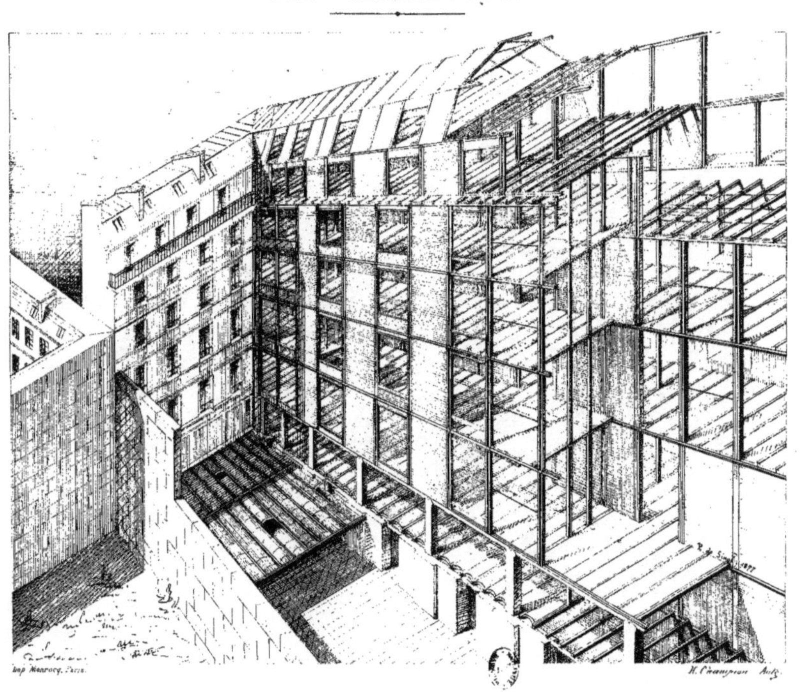

Imp Monrocq, Paris. H. Champion Auto

www.ingramcontent.com/pod-product-compliance
Lightning Source LLC
LaVergne TN
LVHW052030160826
845678LV00003B/1253

9782329628851